Hans Traxler, 1929 in Nordböhmen geboren, kam 1951 nach Frankfurt am Main und studierte Malerei an der dortigen Städelschule. Er ist einer der fünf Zeichner der legendären »Neuen Frankfurter Schule« und war lange Jahre Mitarbeiter von PARDON und TITANIC. In den achtziger und neunziger Jahren zeichnete er Bildergedichte und Cartoons für die Magazine der ZEIT, SZ und FAZ. Daneben zeichnete, schrieb und illustrierte er an die 60 Bücher. In den letzten Jahren profilierte er sich als Illustrator klassischer Literatur von Shakespeare bis Tucholsky. Er erhielt mehrere Preise für sein Lebenswerk, zuletzt 2012 den Ludwig Emil Grimm-Preis und den Karikaturenpreis der deutschen Anwaltschaft. Seine Zeichnungen werden in halbjährlich wechselnden Ausstellungen im Frankfurter Museum für Komische Kunst CARICATURA gezeigt.

Es war einmal ein Mann

*Geschichte und Bilder
von Hans Traxler*

Insel Verlag

Umschlaggestaltung: Manja Hellpap und
Lisa Neuhalfen, Berlin

Erste Auflage dieser Ausgabe 2012
© Insel Verlag Frankfurt am Main 1979
Alle Rechte vorbehalten, insbesondere das der Übersetzung,
des öffentlichen Vortrags sowie der Übertragung durch Rundfunk und Fernsehen, auch einzelner Teile.
Kein Teil des Werkes darf in irgendeiner Form (durch Fotografie, Mikrofilm oder andere Verfahren) ohne schriftliche Genehmigung des Verlages reproduziert oder unter Verwendung elektronischer Systeme verarbeitet, vervielfältigt oder verbreitet werden.
Druck: Memminger MedienCentrum AG
Printed in Germany
ISBN 978 3 458 17558 2

Es war einmal
ein Mann

Es war einmal ein Mann

der hatte einen Schwamm

Der Schwamm ...

war ihm ...

... zu nass

da stieg er in ein Fass

Das Fass, das hatt' ein Loch

da kam zum Glück ein Koch

Der Koch war ihm zu fett

da sprang er auf ein Bett

Im Bett, da schlief ein Biber

der war ihm schon viel lieber

Der Biber hat Familie

die hieß Maria, Fritz und Franz und Stefan und Ottilie

Die machten so 'nen Krach

da floh er auf ein Dach

Vom Dach stieg er ins Haus

da saß die Riesenmaus

Die Maus war ihm zu tot

da floh er in ein Boot

Das Boot war ihm zu dünn

da nahte ein Delphin

Der Delphin schwamm zu tief

da stieg er auf ein Riff

Das Riff war ein Vulkan

da kam ein Aeroplan

Der war schon ziemlich voll

da flog er nach Tirol

Tirol war ihm zu steil

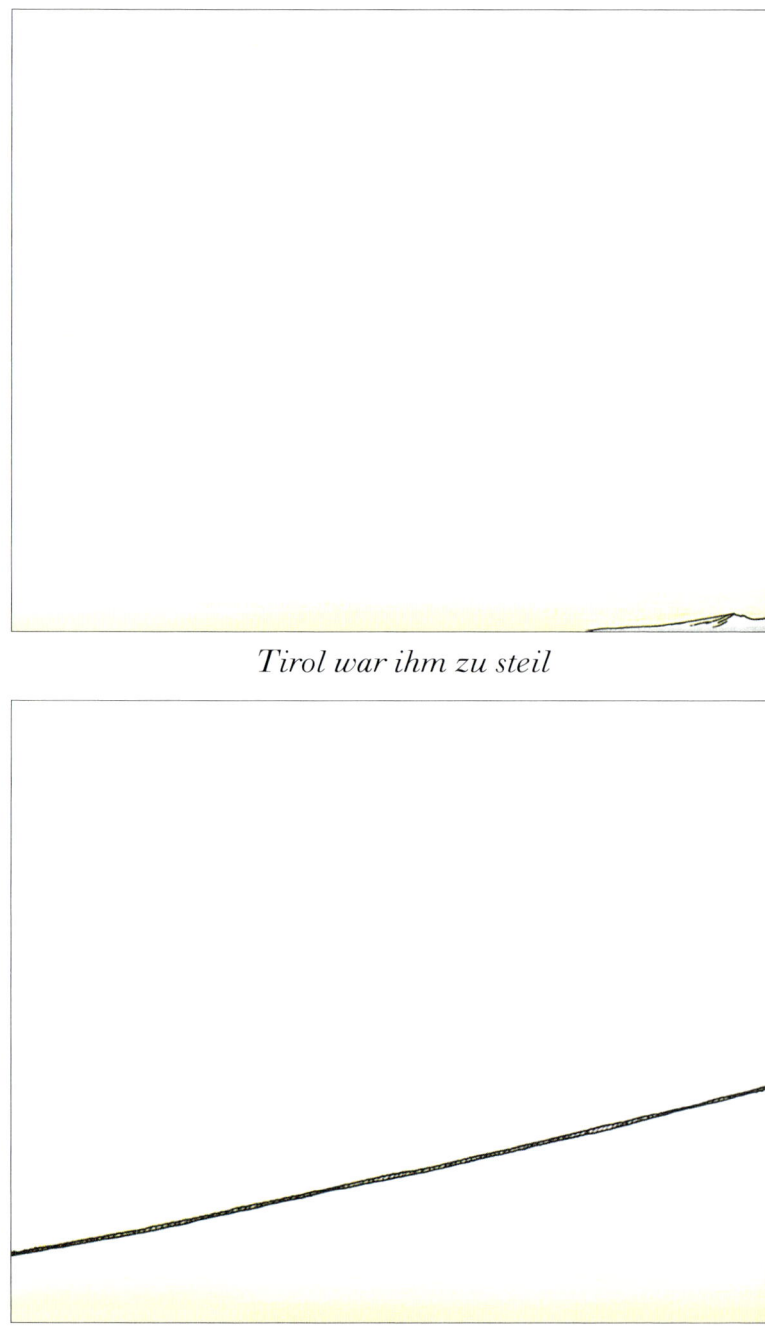

da hing er sich ans Seil

Das Seil war endlos lang

bis nach Luang Prabang

Dort traf er ein Kamel

das lief ganz furchtbar schnell

Sie kamen in ein Tal

das Tal war viel zu schmal

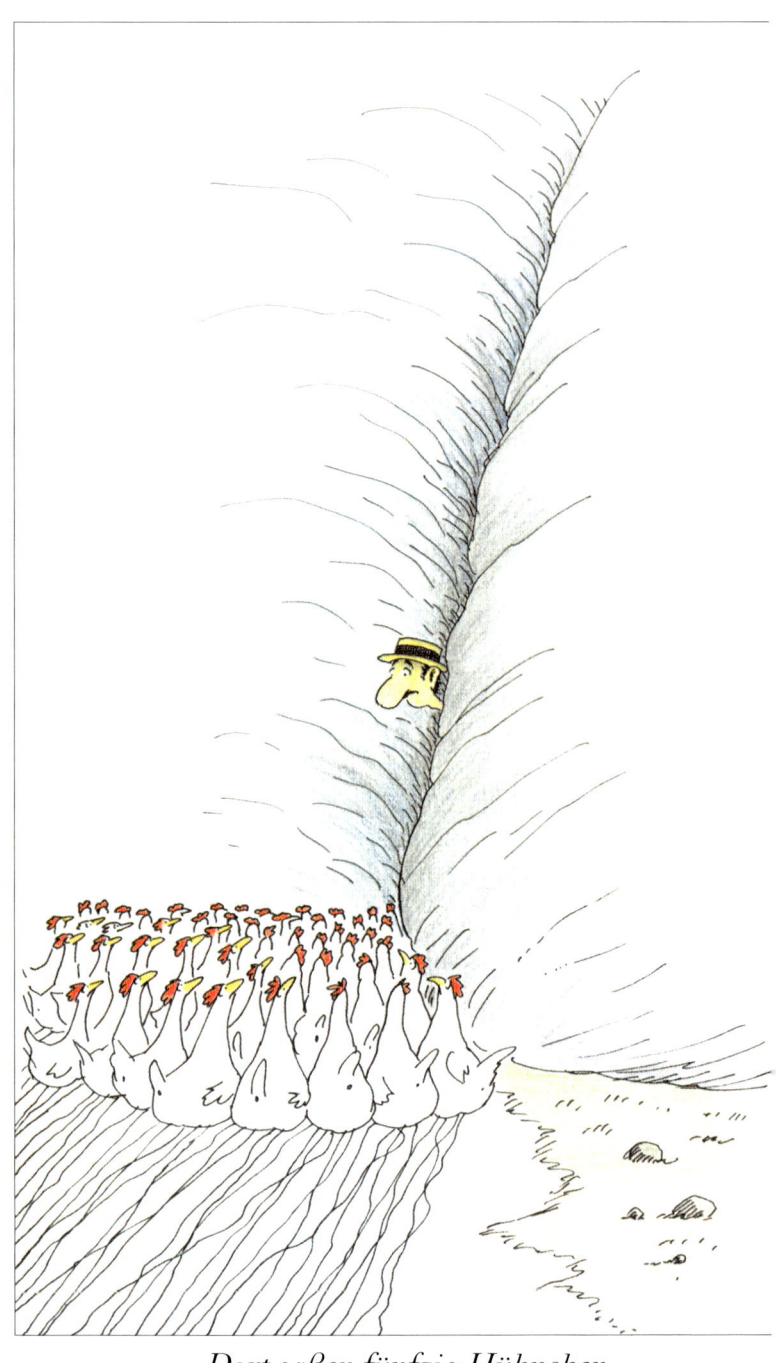

Dort saßen fünfzig Hühnchen

die flogen ihn nach München

Sie rasteten am Dom

dann zogen sie nach Rom

In Rom war's ihm zu heiß

da kauft' er sich ein Eis

Das Eis war ihm zu grün

da fuhr er nach Berlin

Berlin war ihm zu kalt

da lief er in den Wald

Im Wald da stand ein Schiff

das auf sechs Beinen lief

Sie stießen auf ein Hemd

das war ihm seltsam fremd

Kaum zog er es sich an

fing es zu fliegen an

Es flog mit ihm zum Mond

Wo er noch heute wohnt

Dort traf er einen Mann

und so fängt die Geschichte

der hatte einen Schwamm

nochmals von vorne an.

Hans Traxler
Wie dieses Buch entstand

Dieses Buch habe ich in Edinburgh geschrieben und gezeichnet, in einem Schloss am Meer namens Kingston Castle.

Edinburgh ist nach Meinung des Naturforschers Wilhelm von Humboldt eine der sieben schönsten Städte der Welt. Ich kann das bestätigen. Die meisten Häuser sind aus grauem Basalt erbaut, was ihnen ein würdiges Aussehen verleiht, und die Stadt liegt zwischen sieben Bergen, die bis obenhin mit immergrünem Gras bewachsen sind. Wenn man Glück hat, öffnen sich plötzlich die Tore der Burg und eine lange Kolonne von Soldaten im Schottenrock marschiert heraus unter ungeheurem Getöse. Das kommt daher, dass alle aus voller Brust in ihre Dudelsäcke blasen. Diese schrillen und langgezogenen Töne wirken sehr befremdlich, wenn man sie das erste Mal hört. Früher, als die Schotten noch in den Krieg gegen die Engländer zogen, war es die Aufgabe der Dudelsackbläser, dem Feind damit Angst einzujagen. Mir kamen sie wie Riesen vor, aber das lag vielleicht daran, dass sie so laut spielten.

Ich war nach Schottland gekommen, um wieder gesund zu werden. Ich litt damals an einer ziemlich rätselhaften Krankheit, von der eigentlich nur Indianer und Eskimos befallen werden, außer mir natürlich. Dabei verlor ich schnell an Gewicht, sah bald wie ein Hungerkünstler aus und fühlte mich auch so. Die Ärzte untersuchten mich gründlich, schüttelten die Köpfe und teilten mir schließlich mit, dass es für meine Krankheit im Moment leider noch keine Heilmethode gebe. Immerhin käme es immer wieder zu sogenannten »Spontanheilungen«, kein Mensch wisse, warum und wodurch. Dann klopften sie mir auf die Schultern und schickten mir ihre Rechnungen.

Gerade zu dieser Zeit lernte ich Bryn kennen, einen Naturarzt aus Wales, der damals in meiner Heimatstadt großes Ansehen genoss. Alle, denen die sogenannten Schulmediziner nicht helfen konnten, landeten früher oder später bei ihm.

Eines Tages kam Bryn von einer Reise durch Schottland zurück und erzählte mir, es gebe da am Rand von Edinburgh ein Schloss am Meer, da könne mir vielleicht geholfen werden.

Das klang gut. Ich mag das Meer, ich mag alte Schlösser, und mir gefiel die Vorstellung, da könne mir einer helfen, wieder gesund zu werden.

Der Haken dabei: Ich musste fliegen, denn die lange Reise zu Wasser und zu Lande hätte ich in meinem Zustand schwerlich überstanden. Vorm Fliegen aber scheute ich zurück wie ein Gaul vor einer Kreuzotter, nach einem schreckensreichen Gewitterflug von einem Luftloch ins nächste in einer alten Propellermaschine nach Berlin.

Dann aber entschied ich, dass ich eigentlich nicht viel zu verlieren habe, packte meine Siebensachen und flog nach Heathrow. Auf dem Weiterflug nach Edinburgh in einem plüschigen Flugzeug mit kleinen Gardinen vor den runden Scheiben, mit den beiden Stewardessen im mütterlichen Alter, die breithüftig und rosenwangig durch den Mittelgang schlurften, Tee und Scones servierten und mich »Dearie« nannten, begann eigentlich schon meine Heilung.

Eine Stunde nach der Landung stieg ich aus dem Autobus, der vor dem Schloss hielt. Über der Schulter trug ich einen Seesack aus dem Army-Store mit etwas Wäsche und meinen Zeichenutensilien, das waren 200 Blatt transparentes Zeichenpapier der Marke Colambo, ein Rotringfüller 0,9 mm und ein Kästchen Farbstifte von Faber-Castell, dazu ein Konvolut von Abbildungen alter Doppeldecker und stehender sowie laufender Kamele, denn die würden in dem Buch eine Rolle spielen, das ich hier in Kingston schreiben und zeichnen wollte. Das schwerste Gepäckstück war ein kleiner Reisekocher, mit dem ich mich jederzeit und überall mit Tee versorgen konnte.

Schloss Kingston stellte sich als eine pompöse Kopie im Neu-Tudor-Stil heraus, die sich ein reicher Edinburgher Hosenfabrikant einst vor den Toren der Stadt hatte bauen lassen, samt Golfplatz und eigener Landwirtschaft.

Als das Schloss fertig dastand, war der Hosenfabrikant bankrott und Kingston wurde ein »Home for Natural Cure« mit einer langen Tradition. Der Vorfahr eines der beiden Klinikleiter war bei Prießnitz in die Lehre gegangen, Vincenz Prießnitz, schlesischer Bauer und medizinischer Autodidakt, der lange vor Kneipp seine Patienten mit Kaltwasserkuren heilte. Seine Erfindung, der Prießnitz-Umschlag, gehörte denn auch zum Ritual auf Schloss Kingston.

Ansonsten war das Programm angenehm überschaubar. Der Tag begann mit dem »Cold Sitz Bath«, der schottischen Variante des deutschen Wasserdoktors. Dazu wurde man in eine alte Kupferwanne gesetzt, die 15 Zentimeter hoch mit eiskaltem Brunnenwasser gefüllt war. Darauf folgte ein energischer Spaziergang mit schwingenden Armen hinauf zu »King Arthur's Seat«, einem grasbewachsenen Berg über dem basaltgrauen Edinburgh. Zu Mittag gab es die Kingston-Platte, Vegetarisches aus den eigenen Gewächshäusern, gelegentlich eine Massage und eine »Hot Water Bottle« am Abend.

In der Bibliothek stand ein sechs Meter langer Pool-Billardtisch, auf dem George mir die sieben Varianten des Snooker beibrachte (»I don't like your bridge, Hans, I don't like it at all!«).

An zwei Tagen in der Woche gab es »Auditions« mit den beiden Ärzten, die weder von Operationen noch von Medikamenten viel hielten. Ihre Standardantwort war: »You don't need it.«

Ich glaube nicht, dass es heute noch irgendwo in der zivilisierten Welt eine Kuranstalt gibt, die einen so rigiden Kurs riskieren würde. Aber Kingston funktionierte.

Als ich die große Halle betrat, kam eine uralte, zierliche

Dame die Freitreppe heruntergetapert. Miss G. war 1929 vom Pferd gestürzt, lag ein Jahr im Gipsbett und kam seither, 50 Jahre lang, jedes Frühjahr für vier Wochen ins Schloss.

Meine Tischgenossen George, Bert und Henry, stramme Achtziger und Hausgäste seit langem, waren die reizendsten Plaudertaschen, die man sich wünschen konnte. George war Schnapshändler (»never a drop in my life, thank you«), Bert hatte in Indien ein Bein verloren, war dann Pflanzer in Uganda gewesen und marschierte jetzt täglich in vorbildlicher Haltung rund um den Golfplatz. Henry verkaufte Mazdas in Brighton.

Abends traf sich, wer wollte, in der weitläufigen Lounge, versank in den Clubsesseln oder sammelte sich um das Piano, und es fand sich immer eine alte Dame, die beherzt in die Tasten griff und mit donnernden Akkorden eine Ballade oder ein traditionelles schottisches Volkslied intonierte. Alle, die um das Klavier standen, fielen in ihren Gesang ein.

Nun sollte auch ich etwas beitragen. Wir hätten doch diese wunderschönen Volkslieder in Deutschland: Loreley zum Beispiel oder Lili Marleen?

Damit konnte ich leider nicht dienen. Aber eine alte schottische Ballade konnte ich: »Barbara Allen«, alle 24 Strophen, falls eine Gitarre im Hause wäre. Da staunten die alten Damen über diesen Deutschen, der die weite Reise getan hatte, nur um ihnen ihre eigene Musik vorzuspielen.

Eine Gitarre wurde herbeigeholt, abgestaubt und neu gestimmt: Pling, plong. *E*ine *A*lte *D*umme *G*ans *H*olt *E*ssen. Dann legte ich los, und niemand verließ den Raum, bevor ich die letzte der 24 Strophen beendet hatte. Sie waren alle nacheinander eingeschlafen.

Am nächsten Abend trat ich nicht auf, und auch an den folgenden Abenden nicht mehr, denn es ging mir inzwischen so gut, dass ich meine Nächte mit Zeichnen verbrachte, pro Nacht zwei Blätter.

Mein Schlafzimmer war winzig, vermutlich eine ehemalige Dienstbotenkammer. Ein schmales Bett, ein Schrank und eine Spiegelkommode. Aber ein offener Kamin mit einer Gasheizung darin, die mit großen Pennymünzen gefüttert werden musste.

Im Heizungskeller fand ich unter allerhand Gerümpel eine kleine Tür, vermutlich von einem Nachtschränkchen. Auf dieser Tür, nicht viel größer als eine Kollegmappe, entstand dieses Buch. Es gab kein Radio und kein Telefon, keine Zeitung und kein Fernsehen, keine Besucher und kein Fax, und natürlich noch lange kein Internet. Nichts störte den gleichmäßigen Fluss des Schreibens und des Zeichnens. Das einzige Geräusch in diesen stillen Nächten kam von einer rostigen Wetterfahne, die sich am Schlossturm drehte.

»Es war einmal ein Mann« erlebte viele Auflagen, wurde in ein halbes Dutzend Sprachen übersetzt, und ein Theater in Madrid machte sogar ein Bühnenstück daraus: »La aventura formidable del hombre indomable«.

Kingston gibt es nicht mehr, das ist jetzt ein Luxushotel.

Und auch ich sah bald nicht mehr wie ein Hungerkünstler aus, im Gegenteil. Heute muss ich jeden Tag auf die Badezimmerwaage steigen, um mein Gewicht zu kontrollieren. Auf das »Cold Sitz Bath« verzichte ich schon lange, dafür dusche ich morgens kalt, seit mehr als dreißig Jahren, Tag für Tag, wo immer ich bin.

Angefangen hat das alles in dem Schloss am Meer, mit dem Mann mit dem Schwamm. Daran denke ich jedes Mal, wenn ich dieses kleine Buch in die Hand nehme.